Au nom d'Allah, L'Infiniment Miséricordieux, Le Très Miséricordieux

TABLE DES MATIERES

BIOGRAPHIE DU CHEIKH MOUHAMMAD IBN SALIH AL 'OUTHAYMINE	4
L'UNICITÉ ET SA CLASSIFICATION	7
LA PREMIÈRE BRANCHE: L'UNICITÉ DE LA SEIGNEURIE	7
LA DEUXIÈME BRANCHE: L'UNICITÉ DE L'ADORATION.	12
LA TROISIÈME BRANCHE: L'UNICITÉ DES NOMS ET ATTRIBUTS.	13
LES DEUX TÉMOIGNAGES ET LEURS SIGNIFICATIONS.	21
LA SIGNIFICATION DU TÉMOIGNAGE «NULLE DIVINITÉ SAUF ALLAH».	21
LA SIGNIFICATION DU TÉMOIGNAGE «MUHAMMAD EST LE MESSAGER D'ALLAH»	24
L'ADORATION DOIT CORRESPONDRE À LA LÉGISLATION DANS SA CAUSE	27
L'ADORATION DOIT CORRESPONDRE À LA LÉGISLATION DANS SON GENRE	29
L'ADORATION DOIT CORRESPONDRE À LA LÉGISLATION DANS SA QUANTITÉ	29
L'ADORATION DOIT CORRESPONDRE À LA LÉGISLATION DANS SON LIEU	31

BIOGRAPHIE DU CHEIKH MOUHAMMAD IBN SALIH AL 'OUTHAYMINE

-qu'Allah lui accorde sa misericorde-

- Son nom est abou 'Abdillâh Mouhammad ibn Sâlih ibn Mouhammad ibn 'Outhaymîne al Wahaybi at-Tamîmi.
- Il naquit dans la ville de 'Ounayza le 27 du mois béni de Ramadân de l'année 1347 H (~1926).
- Il apprit de son grand-père maternel, le cheikh 'Abdour-Rahmâne ibn Souleymân Âl-Dâmigh -qu'Allah lui accorde sa miséricorde, le Saint Coran et l'étudia avec lui. Ensuite, il entreprit l'acquisition de la science, apprit la calligraphie, les mathématiques et d'autres matières.
- Cheikh 'Abdour-Rahmâne as-Sa'di -qu'Allah lui accorde Sa miséricorde- désigna deux de ses étudiants à qui il confia l'éducation des enfants: le premier fut le cheikh 'Ali as-Sâlihi et le second le cheikh Mouhammad ibn 'Abdil'Azîz al Moutawoui'-qu'Allah leur accorde Sa miséricorde. Le cheikh Al-'Othaymîne étudia chez le second le résumé de al 'Aqîdah al Wâssitiya du Cheikh 'Abdour-Rahmâne as-Sa'di, et Minhaj as-Sâlikîne dans la Jurisprudence (Fiqh) du même cheikh et al Ajroumi yah et al Alfiya dans la langue arabe.
- Il étudia chez cheikh 'Abdour-Rahmâne ibn 'Ali ibn 'Aoudân la science de l'héritage et le Fiqh.
- Il apprit de celui qui est considéré comme son premier professeur, cheikh 'Abdour-Rahmâne ibn Nâçir as-Sa'di -qu'Allah lui fasse miséricorde- l'Unicité (At-Tawhid), l'exégèse du Coran (At-Tafsir), le Hadith, le Fiqh, les bases du Fiqh, la science de l'héritage, les sciences du Hadith, la syntaxe et la morphologie.
- Il étudia, chez celui qui est considéré comme son deuxième professeur, le cheikh 'Abdoul'Azîz ibn 'Abdillah ibn Bâz -qu'Allah lui accorde sa miséricorde, le Sahîh al Boukhâry (recueil de hadiths authentiques) ainsi que quelques ouvrages du cheikh de l'Islam ibn Taymiya et quelques livres de Fiqh.
- En 1371H (~1950), une chaire lui fut attribuée pour enseigner à la mosquée et lorsque les instituts scientifiques de Riyad ouvrirent leurs portes, en l'an 1372H, il s'y inscrivit.
- Après deux années, il en fut diplômé et fut nommé professeur à l'institut scientifique de 'Ounayza tout en continuant d'étudier par correspondance à la faculté de Charî'a (législation islamique) et d'apprendre la science auprès du cheikh 'Abdour-Rahmâne as-Sa'di.
- Lorsque son Cheikh 'Abdour-Rahmâne as-Sa'di mourut -qu'Allah lui fasse miséricorde- on lui confia l'Imamat général de 'Ounayza, ainsi que l'enseignement

dans la Bibliothèque Nationale de la même ville. Ensuite, il enseigna à la faculté de Charî'a et Oussoul ad-Dîne dans l'une des annexes de l'Université Islamique Al-Imâm Mouhammad ibn Saoûd à Qassîm, tout en étant membre du comité des grands savants du Royaume d'Arabie Saoudite. Le cheikh consentit de grands efforts dans la prédication et dans les recommandations qu'il prodiguait aux prêcheurs de tous les horizons.

- Et il est important de mentionner que son excellence le cheikh Mouhammad ibn Ibrâhîm -qu'Allah lui accorde sa miséricorde- le sollicita et insista pour qu'il prenne le poste de juge, mais le cheikh al 'Outhaymîne -qu'Allah lui accorde sa miséricorde- refusa.
- Il est l'auteur de plus de quarante ouvrages (livres et livrets).
- Il est l'auteur de milliers de conférences et de cours religieux en Arabie et dans le Monde.

CHEICK AL 'OUTHAYMÎNE DISPENSA DES COURS, PENDANT PLUS DE 35 ANS, DANS LA MOSQUÉE SACRÉE

Pendant plus de 35 ans, Cheikh Mouhammad ibn Sâlih al 'Outhaymîne tint la responsabilité d'enseigner dans l'enceinte de la Mosquée Sacrée (le Haram) à La Mecque.

Il avait une chaire permanente au deuxième étage de la Mosquée sacrée où beaucoup de gens écoutaient ses pertinents exposés notamment pendant le pèlerinage.

Il dispensa des cours sur la Croyance ('Aqîdah), le Fiqh, le Hadith et le Tafsir. Aussi, il commenta des ouvrages écrits par de grands savants tels qu'ibn Taymiya, ibn Qayim et bien d'autres.

De la même façon, il dispensa des cours saisonniers pendant le Ramadân et la période du Pèlerinage (Hajj). Des dizaines de milliers de cassettes audio de ses conférences furent enregistrées et sont disponibles.

Son dernier cours public fut délivré une nuit avant la célébration de 'Aîd al Fitr (fin de Ramadân) dans l'enceinte de la Mosquée Sacrée.

LES DERNIERS JOURS DE CHEIKH AL 'OUTHAYMÎNE

En dépit de son état de santé, il continua à dispenser ses cours habituels dans différentes villes jusqu'à la fin de sa vie. Cheikh al 'Outhaymîne rendit l'âme à l'âge de 74 ans.

Il était un modèle de piété, de droiture, d'honnêteté, d'engagement et de service désintéressé pour la cause d'Allah. Un grand nombre de musulmans (plus de 500 000 personnes) parmi lesquels des savants et des étudiants assistèrent à la prière funèbre (Salât Janâza) qui fut accomplie un jeudi après la prière du 'Asr, à la Mosquée Sacrée de La Mecque.

La mort de ce grand savant survint le 15 Chawal 1421H ($\approx$ début 2000). Nous demandons à Allah qu'Il le récompense et qu'Il lui accorde Sa miséricorde ainsi que Son Paradis. Amine !

L'UNICITÉ / LA SIGNIFICATION DES DEUX TEMOIGNAGES ET LE

L'UNICITÉ ET SA CLASSIFICATION

Louange à Allah Seigneur de l'univers, et que la bénédiction et le salut soient sur notre Prophète Muhammad, le sceau des Prophètes et l'imam des pieux, ainsi que sur sa Famille et l'ensemble de ses Compagnons.

[Sache] que l'unicité (At-Tawhîd), suivant la classification des gens de science, se divise en trois branches:

- L'unicité dans la seigneurie (At-tawhîd al-Rouboubîya).
- L'unicité dans l'adoration (At-tawhîd al-Oulouhîya).
- L'unicité des noms et attributs (At-tawhîd al'assmâ' was-siffâtt).

Ces trois unicités concernent Allah -qu'Il soit exalté- et s'insèrent dans une définition globale qui est: l'unicité d'Allah dans tout ce qui Lui est spécifique.

LA PREMIÈRE BRANCHE: L'UNICITÉ DE LA SEIGNEURIE

Elle consiste en l'unicité d'Allah dans la création, la royauté, et le commandement.

[Premièrement]: L'unicité d'Allah dans la création:
Allah, est le seul Créateur, nul créateur autre que Lui. En effet, Allah dit:

﴿هَلْ مِنْ خَالِقٍ غَيْرُ اللَّهِ يَرْزُقُكُم مِّنَ السَّمَاءِ وَالْأَرْضِ لَا إِلَٰهَ إِلَّا هُوَ فَأَنَّىٰ تُؤْفَكُونَ﴾

[Existe-t-il en dehors d'Allah, un créateur qui du ciel et de la terre vous attribue votre subsistance ? Point de divinité à part Lui ! Comment pouvez-vous vous détourner (de cette vérité) ?]

(Sourate Fâtir verset 3).

Il dit aussi, en mettant en évidence la fausseté des divinités des mécréants:

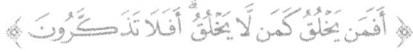

[Celui qui crée est-il semblable à celui qui ne crée rien ? Ne vous souvenez-vous donc pas ?]

(Sourate An-Nahl verset 17).

Ainsi, Allah est le seul Créateur:

[Et qui a créé toute chose en lui donnant sa juste proportion]

(Sourate Al-Furquâne verset 2).

Sa création englobe, également, les actes produits par ses créatures. Ainsi, la parfaite croyance au destin intègre le fait de croire que le Créateur des serviteurs a aussi créé leurs actes. En effet, le Très-Haut dit:

[Alors que c'est Allah qui vous a créés, vous et ce que vous faites]

(Sourate As-Saffât verset 96).

On explique cela, d'une part, par le fait que les actes du serviteur font partie de ses caractéristiques. Le serviteur est une créature d'Allah, donc le créateur d'une chose est par implication le créateur de sa caractéristique.

On observe, d'autre part, que l'acte du serviteur survient à la suite d'une ferme volonté et d'une capacité totale qui sont toutes les deux des créations d'Allah. Donc, le Créateur de la cause fondamentale (la volonté et la capacité) est aussi le Créateur de la conséquence (les actes).

Si tu venais à dire: comment peux-tu affirmer qu'Allah Seul est l'unique Créateur alors que le fait de créer peut s'appliquer pour autre qu'Allah comme le prouve Sa parole (qu'Il soit exalté):

[Gloire à Allah le Meilleur des créateurs !]

(Sourate El-Mouminoun verset 14).

Aussi, comme le prouve la parole du Prophète ﷺ [1] à propos des dessinateurs: « il leur sera dit: « donnez vie à ce que vous avez créé ».

La réponse à cela, est qu'un autre qu'Allah ne peut réaliser une création comparable à la Sienne. En effet, il est impossible de créer à partir du néant ou de faire ressusciter un mort. La création réalisée par un autre qu'Allah consiste seulement à un changement et un transfert d'un état d'une chose à un autre, et cette chose reste, malgré cela, la création d'Allah -Gloire et pureté à Lui.

Le dessinateur, par exemple, lorsqu'il dessine, ne crée rien en réalité, si ce n'est qu'il change l'état d'un élément à un autre. Ceci, comme le changement d'un morceau d'argile en sculpture d'oiseau ou en un dromadaire ou encore le changement produit par la coloration d'un morceau de papier blanc en un dessin coloré par des encres qui font, elles aussi, partie de la création d'Allah -Gloire et pureté à Lui.

Voici donc la différence entre la création d'Allah et celle des créatures.

En conclusion de ce que nous avons démontré: nous disons donc que Seul Allah possède l'aptitude de créer et ceci est un caractère qui Lui est propre.

[Deuxièmement] L'unicité d'Allah dans la royauté.

En effet, Seul Allah est le Roi de toutes choses comme Allah dit:

﴿تَبَارَكَ ٱلَّذِى بِيَدِهِ ٱلْمُلْكُ وَهُوَ عَلَىٰ كُلِّ شَىْءٍ قَدِيرٌ﴾

[Béni soit celui dans la Main de qui est la royauté, et Il est Omnipotent]

(Sourate Al-Mulk verset 1).

---

1 Ce symbole est une calligraphie arabe qui signifie: « Prière et Salut d'Allah sur lui » ; les musulmans se doivent de saluer leur Prophète Muhammad ﷺ, selon l'injonction coranique contenue dans le verset 56 de la sourate Al-Ahzab. Il existe de nombreux hadiths qui incitent à le faire. La prière d'Allah n'est bien sûr pas comme celle de Ses serviteurs, mais c'est, selon l'explication d'Abou Al-'Âliya, l'éloge que fait Allah du Prophète auprès des Anges. Aussi, l'explication de Soufiâne At-Thawri de ce verset est que: « La prière d'Allah est une miséricorde et la prière des Anges est une demande de pardon [pour les croyants auprès d'Allah]. (Note du Traducteur: NdT)

Et Allah (qu'Il soit exalté) dit:

﴿ قُلْ مَنْ بِيَدِهِ مَلَكُوتُ كُلِّ شَيْءٍ وَهُوَ يُجِيرُ وَلَا يُجَارُ عَلَيْهِ إِن كُنتُمْ تَعْلَمُونَ ﴾

[Dis: Qui détient dans Sa Main la royauté absolue de toute chose, et qui protège et n'a pas besoin d'être protégé ?]

(Sourate Al-Mou'minoun verset 88).

Ainsi, Celui qui possède la royauté absolue, générale et globale, est Allah Seul.

Par ailleurs, on peut accorder la royauté (ou la possession) à autre que Lui mais cette dernière reste auxiliaire.

En effet, Allah a confirmé pour autre que Lui la royauté (ou la possession), comme il est évoqué dans Sa parole (qu'Il soit exalté):

﴿ أَوْ مَا مَلَكْتُم مَّفَاتِحَهُ ﴾

[… ou dans les maisons dont vous possédez les clefs…]

(Sourate An-Nour verset 61).

Et dans Sa parole (qu'Il soit exalté):

﴿ إِلَّا عَلَىٰ أَزْوَاجِهِمْ أَوْ مَا مَلَكَتْ أَيْمَانُهُمْ ﴾

[…Qu'avec leurs épouses ou les esclaves qu'ils possèdent…]

(Sourate Al-Ma'ârij verset 30) etc.

Et bien d'autres textes démontrant qu'autre qu'Allah possède la royauté.

Cependant, cette possession n'est pas comparable à celle d'Allah. C'est en réalité une possession réduite et limitée.

C'est une possession réduite, d'une part, car elle n'est pas globale. En effet, la demeure de Zeyd n'est pas la possession de 'Amr et réciproquement, la demeure de 'Amr n'est pas celle de Zeyd.

D'autre part, c'est une possession limitée du fait que la personne ne peut profiter de sa possession que selon les critères qu'Allah lui a accordés.

C'est pour cela que le Prophète ﷺ interdit la dépense inutile de l'argent. Aussi, Allah (qu'Il soit exalté) dit:

﴿ وَلَا تُؤْتُوا۟ ٱلسُّفَهَآءَ أَمْوَٰلَكُمُ ٱلَّتِى جَعَلَ ٱللَّهُ لَكُمْ قِيَٰمًا ﴾

[Et ne confiez pas aux incapables vos biens dont Allah a fait votre subsistance.]

(Sourate An-Nissâ' verset 5).

Ceci est une preuve évidente que la possession humaine est une possession réduite et limitée, à la différence de la possession d'Allah, qui est une possession globale et absolue, et Il en fait ce qu'Il veut:

﴿ لَا يُسْـَٔلُ عَمَّا يَفْعَلُ وَهُمْ يُسْـَٔلُونَ ﴾

[Il n'est pas interrogé sur ce qu'Il fait, mais ce sont eux qui devront rendre des comptes]

(Sourate An-Anbiyâ' verset 23).

[Troisièmement] L'unicité d'Allah dans le commandement.

Allah est unique dans le commandement et à Lui revient toute chose. Il dirige la création et toute affaire concernant les cieux et la terre.

Allah dit en effet:

﴿ أَلَا لَهُ ٱلْخَلْقُ وَٱلْأَمْرُ تَبَارَكَ ٱللَّهُ رَبُّ ٱلْعَٰلَمِينَ ﴾

[… La création et le commandement n'appartiennent qu'à Lui. Toute gloire à Allah, Seigneur de l'univers]

(sourate Al-A'râf verset 54).

Ce commandement est un commandement global. Rien ne peut Lui échapper, ni s'y opposer. Contrairement au commandement de certaines créatures, telle la personne au niveau de ses biens, ses enfants, ses serviteurs, etc. qui est un commandement restreint, réduit, limité et non absolu.

Ainsi, par le biais de cette explication, s'est éclaircie la véracité de notre définition: l'unicité d'Allah dans la Seigneurie est l'unicité d'Allah dans la création, la royauté et le commandement.

LA DEUXIÈME BRANCHE: L'UNICITÉ DE L'ADORATION.

Elle consiste à vouer l'adoration à Allah Seul. Pour cela, l'homme n'adore aucune autre entité avec Allah et ne doit pas accomplir des actes le rapprochant à d'autres qu'Allah comme il le ferait à l'égard d'Allah.

C'est au sujet de ce type d'unicité que se sont égarés les polythéistes que combattit le Prophète ﷺ et dont il rendit licite les femmes, les enfants, les biens, les terres et les demeures. Et c'est pour ce type d'unicité que furent envoyés les Prophètes et révélés les Livres en toute corrélation avec l'unicité de la Seigneurie et l'unicité des Noms et Attributs. Cependant, les Messagers se sont le plus souvent appliqués à traiter l'unicité de l'adoration de leur peuple. De telle sorte que l'homme ne voue aucune adoration à autres qu'Allah, pour autant qu'il soit un ange rapproché, un prophète envoyé, un saint vertueux ou quoi que ce soit d'autres parmi les créatures ; car l'adoration n'est valable que lorsqu'elle est vouée à Allah.

Quiconque manque à cette unicité n'est qu'un polythéiste mécréant, même s'il reconnaît l'unicité de la Seigneurie et celle des Noms et Attributs.

Par exemple, si un homme croit qu'Allah est le Créateur, le Roi, le Dirigeant de toute chose et qu'à Lui Seul revient de droit Ses Noms et Attributs, mais qu'il adore en dehors d'Allah autre que Lui, alors sa croyance en l'unicité de la Seigneurie et des Noms et Attributs ne lui sera pas bénéfique.

De plus, si nous supposons qu'un homme admet, totalement, l'unicité de la Seigneurie et des Noms et Attributs, mais qu'il se dirige auprès d'une tombe pour adorer celui qui s'y repose ou pour lui formuler un vœu afin qu'il s'en approche, sache que cet homme est un polythéiste mécréant destiné éternellement a l'enfer. En effet, Allah (qu'Il soit exalté) dit:

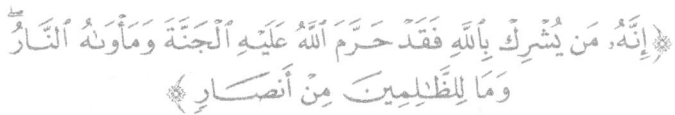

[... Quiconque associe à Allah (d'autres divinités,) Allah lui interdit le Paradis et son refuge sera le Feu. Et pour les injustes, pas de secoureurs !]

(Sourate Al-Mâidah verset 72).

Parmi les évidences, pour tous ceux qui ont lu le Coran, est le fait que les polythéistes qui ont été combattus par le Prophète ﷺ, dont le sang et les biens ont été rendus licites, dont les femmes et enfants ont été capturés et dont les terres ont été confisquées, admettaient, sans le moindre doute, qu'Allah Seul est le Seigneur et le Créateur. Mais, comme ils adoraient d'autres divinités avec Allah, ils devinrent, dès lors, des polythéistes dont le sang et les biens furent rendus licites.

LA TROISIÈME BRANCHE: L'UNICITÉ DES NOMS ET ATTRIBUTS.

Elle consiste à reconnaître l'unicité d'Allah dans ce qu'Il s'est nommé et dans la description qu'Il s'est faite dans Son livre ou selon les paroles de Son Prophète ﷺ.

Et ceci n'est possible que par la confirmation de ce qu'Allah a confirmé pour Lui-même, sans détournement du sens (At-tahrîf)[2] des Noms et Attributs, sans annulation (At-ta'ttîl)[3], sans chercher le « comment » (At-takyîf)[4] et sans anthropomorphisme[5] (At-tamthîl)[6].

---

2   C'est le fait de changer le sens du mot ou complètement son étymologie et de remplacer le sens apparent du mot en un sens métaphorique ou figuré.(NdT)

3   C'est la non-confirmation totale ou partielle de ce qu'Allah S'est attribué comme Noms ou Attributs ou ce que Son Prophète lui a attribué.(NdT)

4   C'est le fait de dire dans son cœur ou avec sa langue, que le « comment » des Attributs d'Allah sont comme-ci ou comme-ça ou le fait de demander comment est cet Attribut, etc. (NdT)

5   Tendance à attribuer à Allah des caractéristiques propres aux êtres humains.

6   C'est le fait de dire dans son cœur ou avec sa langue que les Attributs d'Allah sont comme ceux de Ses créatures. (NdT)

De ce fait, il faut, absolument, avoir la ferme croyance en tout Nom par lequel Allah s'est nommé et Attribut par lequel Il s'est décrit, et en prenant cela au sens apparent et non au sens figuré, tout en évitant de chercher le « comment » et l'anthropomorphisme.

Aussi, cette branche de l'unicité est celle où se sont égarées plusieurs sectes de cette communauté ayant pour direction la Kaaba[7]. Elles se sont divisées de manières différentes: parmi elles, il y a celles qui ont exagéré dans la négation (An-nafîy) et la purification (At-tanzîh). L'exagération est telle qu'elle les fait sortir de l'Islam. D'autres ont moyennement exagéré et d'autres sont proches des gens de la Sunna[8].

Toutefois, la voie des prédécesseurs (As-Salaf)[9], dans cette unicité, consistait à nommer et à décrire Allah par les Noms et Attributs par lesquels Il s'est nommé ou décrit et cela au sens apparent sans les dévier de leur vrai sens, ni les annuler, ni chercher leur comment et enfin sans anthropomorphisme.

Par exemple, Allah s'est nommé par le Vivant et Al-Quayyoum[10]. Il est de notre devoir de croire que le Vivant et Al-Quayyoum sont des Noms parmi les Noms d'Allah. Aussi, il nous est obligatoire de croire tout ce

---

7   C'est la Maison Antique qui fut bâtie par les prophètes Ibrâhîm et Isma'îl -sur eux la paix- qui se trouve à La Mecque et qui est prise pour direction dans notre prière. (NdT)

8   Les gens de la Sunna (Ahl us-Sunna): ce terme désigne ceux qui se réclament de la tradition du Prophète Muhammad ﷺ par opposition aux gens de l'innovation (Ahl ul-bid'a). (NdT)

9   Les Salafs sont tous ceux qui nous ont précédés dans la foi et la droiture. Par ailleurs, cette notion fait particulièrement référence aux Compagnons et ceux qui les ont suivis de la meilleure manière dans une période délimitée de trois siècles ou de trois générations. Comme, il est évoqué dans le centième verset de la sourate At-Tawbah, et comme le rapporte 'Imrân Ibn Houssayn -qu'Allah l'agréé- qui disait: le Prophète ﷺ a dit: « Les meilleurs d'entre vous sont mes contemporains, puis leurs successeurs, puis les successeurs de ceux-ci... » (Rapporté par Boukhâry et Mouslim). Ainsi, il est de notre devoir de les suivre dans toutes nos adorations et dans la croyance notamment. (NdT)

10 Al-Quayyoum a deux significations: d'une part, Celui qui subsiste par Lui-même et se passe de tout autre que Lui parmi la création, et d'autre part Celui qui veille à l'existence et à la pérennité de toute chose et dont ne peut se passer la création. (NdT)

qu'implique ce Nom comme un attribut désignant la vie absolue qui ne fut pas précédée par le néant et qui n'a pas de fin.

Allah S'est, aussi, nommé l'Audient et l'Omniscient. Il nous est, alors, obligatoire de croire, non seulement, que l'Audient est un Nom parmi les Noms d'Allah, mais aussi, que l'ouïe est un de Ses attributs et il nous est aussi demandé de croire qu'Il entend.

En effet, c'est exactement ce qu'impliquent ce Nom et cet Attribut. Car être Audient sans ouïe ou posséder une ouïe sans avoir la capacité d'entendre les sons est une chose impossible[11]. Observons un autre exemple: Allah a dit:

﴿ وَقَالَتِ ٱلْيَهُودُ يَدُ ٱللَّهِ مَغْلُولَةٌ غُلَّتْ أَيْدِيهِمْ وَلُعِنُوا۟ بِمَا قَالُوا۟ بَلْ يَدَاهُ مَبْسُوطَتَانِ يُنفِقُ كَيْفَ يَشَاءُ ﴾

[Et les juifs disent: « La Main d'Allah est fermée ! » Que leurs propres mains soient fermées, et maudits soient-ils pour l'avoir dit. Au contraire, Ses deux Mains sont largement ouvertes: Il distribue Ses dons comme Il veut...]

(Sourate Al-Mâidah verset 64).

Allah a donc dit dans le verset précédent:

﴿ ..بَلْ يَدَاهُ مَبْسُوطَتَانِ .. ﴾

[...Au contraire, Ses deux Mains sont largement ouvertes...]

(Sourate Al-Mâidah verset 64).

Il a donc affirmé pour Lui-même qu'Il possède deux Mains décrites par la largesse qui signifie la large donation. Il nous est alors obligé de croire qu'Allah possède deux Mains largement ouvertes de donations et de bienfaits.

---

11 Cheikh Al'Othaymîne -qu'Allah lui fasse miséricorde- évoque ces contradictions, car des sectes dissidentes de cette communauté ont expliqué les Noms et les Attributs d'Allah de cette façon les éloignant ainsi de la vraie croyance en ces Noms et ces Attributs comme l'ont compris les gens de la Sunna. (NdT)

Cependant, il nous est interdit d'essayer par l'intermédiaire de notre raison, notre imagination ou notre langue de décrire le « comment » de Ses deux Mains et de Les comparer avec les mains des créatures. Car Allah dit:

﴿ لَيْسَ كَمِثْلِهِ شَيْءٌ وَهُوَ ٱلسَّمِيعُ ٱلْبَصِيرُ ﴾

[… Il n'y a rien qui Lui ressemble et c'est Lui l'Audient, le Clairvoyant.]
(Sourate As-Shourâ verset 11).

﴿ قُلْ إِنَّمَا حَرَّمَ رَبِّيَ ٱلْفَوَٰحِشَ مَا ظَهَرَ مِنْهَا وَمَا بَطَنَ وَٱلْإِثْمَ وَٱلْبَغْيَ بِغَيْرِ ٱلْحَقِّ وَأَن تُشْرِكُوا۟ بِٱللَّهِ مَا لَمْ يُنَزِّلْ بِهِۦ سُلْطَٰنًا وَأَن تَقُولُوا۟ عَلَى ٱللَّهِ مَا لَا تَعْلَمُونَ ﴾

[Dis: « Mon Seigneur n'a interdit que les turpitudes (les grands péchés) tant apparentes que secrètes, de même que le péché, l'agression sans droit et d'associer à Allah ce dont Il n'a fait descendre aucune preuve, et de dire sur Allah ce que vous ne savez pas. »]
(Sourate Al-A'râf verset 33).

Ainsi que:

﴿ وَلَا تَقْفُ مَا لَيْسَ لَكَ بِهِۦ عِلْمٌ إِنَّ ٱلسَّمْعَ وَٱلْبَصَرَ وَٱلْفُؤَادَ كُلُّ أُو۟لَٰٓئِكَ كَانَ عَنْهُ مَسْـُٔولًا ﴾

[Et ne poursuis pas ce dont tu n'as aucune connaissance. L'ouïe, la vue et le cœur: sur tout cela, en vérité, on sera interrogé.]
(sourate Al-Isrâ' verset 36).

Quiconque compare les Mains d'Allah avec les mains des créatures aura(,) donc(,) démenti la Parole divine:

﴿ لَيْسَ كَمِثْلِهِ شَيْءٌ وَهُوَ ٱلسَّمِيعُ ٱلْبَصِيرُ ﴾

[… Il n'y a rien qui Lui ressemble et c'est Lui l'Audient, le Clairvoyant.]
(Sourate As-Shourâ verset 11).

Et, il aura certes désobéi à Allah, car Il dit:

﴿ فَلَا تَضْرِبُوا۟ لِلَّهِ ٱلْأَمْثَالَ إِنَّ ٱللَّهَ يَعْلَمُ وَأَنتُمْ لَا تَعْلَمُونَ ﴾

[N'attribuez pas à Allah des exemples…]
(Sourate An-Nahl verset 74).

Et quiconque décrit leurs formes en affirmant qu'elles ont une description particulière, et quelque soit cette description, aura certes parlé au sujet d'Allah sans science et aura poursuivi ce dont il n'a aucune connaissance.

Observons un autre exemple: celui de l'établissement (Al-istiwâ') d'Allah au-dessus de Son Trône. En effet, Allah a confirmé pour Lui-même qu'Il s'est établi au-dessus de Son Trône dans sept passages de Son Livre[12]. Et dans tous les passages, ce fut le verbe « établir » (Istawâ) qui fut employé. Et si nous revenons à la signification de « istiwâ' » dans la langue arabe, nous constatons que s'il devient transitif par la préposition « au-dessus » ('Alâ), il ne peut alors signifier que la hauteur et l'élévation.

Par conséquent, la signification de la Parole divine:

$$\text{ٱلرَّحْمَٰنُ عَلَى ٱلْعَرْشِ ٱسْتَوَىٰ}$$

[Le Tout Miséricordieux S'est établi « Istawâ » au-dessus du Trône.]
(Sourate Tâ-Hâ verset 5).

Ainsi que la signification de tous les versets qui sont similaires à celui-ci est alors: « S'est élevé au-dessus de Son Trône ». Une « élévation particulière » qui est différente de « l'élévation générale » au-dessus de Ses créatures[13].

Cette élévation est confirmée au sujet d'Allah, et cela au sens apparent du terme. Il S'est élevé au-dessus de Son Trône, d'une élévation qui Lui est propre. En effet, elle ne ressemble point à l'installation de l'humain au-dessus de son lit, ni au-dessus des bestiaux et ni au-dessus d'une embarcation comme Allah l'a évoqué dans ce verset:

---

12   ils se trouvent, dans l'ordre, dans la sourate Al-A'râf verset 54, puis dans la sourate Younous verset 3, puis dans la sourate Ar-Ra'd verset 2, puis dans la sourate Tâ-Hâ verset 5, puis dans la sourate Al-Fourqâne verset 59, puis dans la sourate As-Sajda verset 4 et enfin dans la sourate Al-Hadîd verset 4 également. (NdT)

13   L'auteur distingue ici l'élévation générale (Al-'Ulûw ul-Âm), qui désigne le fait qu'Allah est au-dessus de Ses créatures de l'élévation particulière (Al-'Ulûw ul-Khâss) qui fait référence à Son élévation au-dessus du Trône. (NdT)

﴿ وَجَعَلَ لَكُم مِّنَ ٱلْفُلْكِ وَٱلْأَنْعَٰمِ مَا تَرْكَبُونَ ۝ لِتَسْتَوُۥا۟ عَلَىٰ ظُهُورِهِۦ ثُمَّ تَذْكُرُوا۟ نِعْمَةَ رَبِّكُمْ إِذَا ٱسْتَوَيْتُمْ عَلَيْهِ وَتَقُولُوا۟ سُبْحَٰنَ ٱلَّذِى سَخَّرَ لَنَا هَٰذَا وَمَا كُنَّا لَهُۥ مُقْرِنِينَ ۝ وَإِنَّآ إِلَىٰ رَبِّنَا لَمُنقَلِبُونَ ﴾

[…Et a fait pour vous, des vaisseaux, des bestiaux et des montures, afin que vous vous installiez sur leurs dos, et qu'ensuite, après vous y être installés, vous vous rappeliez le bienfait de votre Seigneur et que vous disiez : « Gloire à Celui qui nous a soumis tout cela alors que nous n'étions pas capables de les dominer. C'est vers notre Seigneur que nous retournerons] (Sourate Az-Zukhruf les versets 12-14).

Aura certes commis une immense erreur celui qui dit : la signification de « S'est établi (Istawâ) au-dessus de Son Trône » est « a pris le pouvoir (Istawlâ) sur le Trône », car cela est un détournement du sens des mots et vient en contradiction avec le consensus des Compagnons du Prophète ﷺ et de ceux qui les ont suivis de la meilleure manière. Cela induit aussi de fausses implications qu'il est impossible au croyant de prononcer au sujet d'Allah -Gloire à Lui.

En effet, le Noble Coran a été révélé, sans le moindre doute, en langue arabe, comme le dit le Très-Haut :

﴿ إِنَّآ أَنزَلْنَٰهُ قُرْءَٰنًا عَرَبِيًّا لَّعَلَّكُمْ تَعْقِلُونَ ﴾

[Nous l'avons fait descendre, un coran en (langue) arabe, afin que vous raisonniez] (Sourate Yousouf verset 2).

De même, le Très-Haut a dit :

﴿ نَزَلَ بِهِ ٱلرُّوحُ ٱلْأَمِينُ ۝ عَلَىٰ قَلْبِكَ لِتَكُونَ مِنَ ٱلْمُنذِرِينَ ۝ بِلِسَانٍ عَرَبِىٍّ مُّبِينٍ ﴾

[Et l'Esprit fidèle est descendu avec cela (le Coran) sur ton cœur, pour que tu sois du nombre des avertisseurs, en une langue arabe très claire] (Sourate As-Shu'arâ' les versets 193, 194 et 195).

L'expression « S'est établi (Istawâ) au-dessus de » implique dans la langue arabe l'élévation et l'installation. C'est donc la signification propre du mot.

Ainsi, l'expression « S'est établi au-dessus du Trône » signifie donc « S'est élevé au-dessus ». C'est une élévation particulière et qui sied à Sa Majesté et à Son Immensité.

Par ailleurs, si nous interprétions « s'est établi au-dessus » par « a pris le pouvoir sur », nous aurions, dès lors, déformé le sens des mots. La cause est que nous avons détourné la signification d'élévation, qui est le sens apparent dans la langue du Coran, en celle de la prise de pouvoir.

De plus, les prédécesseurs (As-Salaf) et ceux qui les ont suivis de la meilleure manière sont unanimes sur cette signification. Cela d'autant plus qu'il ne nous est pas parvenu une seule parole, de leur part, indiquant le contraire.

De même, si un mot est évoqué dans le Coran et la Sunna[14], et qu'aucune explication contraire au sens apparent de ce mot ne nous est parvenue de la part des pieux prédécesseurs, alors le principe veut qu'ils aient laissé la première signification au mot et qu'ils aient cru en tout ce que ce mot impliquait comme sens.

Pour cette raison, si jamais quelqu'un venait à nous dire: avez-vous une parole claire de la part des prédécesseurs prouvant qu'ils ont interprétée « s'est établi » par « s'est élevé » ?

Nous lui répondrions alors: « Oui, cela nous a été rapporté de leur part[15] ». Cependant, si nous supposions que cela n'ait pas été rapporté de façon claire, alors le principe concernant les mots du Coran et de la Sunna prophétique est qu'ils gardent le sens apparent que leur donne la langue arabe.

---

14 La Sunna, chez les savants du hadith, consiste en ce qui a été rapporté des actes du Prophète Muhammad r, de ses paroles, de ses silences (son silence devant une situation particulière a valeur d'approbation), de ses caractéristiques physiques et morales, ses faits et gestes et de sa vie. (NdT)

15 Comme il est rapporté, entre autres, dans le recueil de hadiths authentiques, As-Sahih Al-Boukhâry. (NdT)

Quant aux fausses déductions qu'implique l'interprétation de « s'est établi » par « a pris le pouvoir » (sont claires) si nous méditons la Parole du Très-Haut :

$$\text{﴿ إِنَّ رَبَّكُمُ اللَّهُ الَّذِي خَلَقَ السَّمَاوَاتِ وَالْأَرْضَ فِي سِتَّةِ أَيَّامٍ ثُمَّ اسْتَوَىٰ عَلَى الْعَرْشِ ﴾}$$

[Votre Seigneur, c'est Allah, qui a créé les cieux et la terre en six jours, puis S'est élevé « Istiwâ » sur le Trône]

(Sourate Al-A'râf verset 54).

Ainsi, si nous disons que « S'est élevé » possède le sens de « a pris le pouvoir », cela induit que le Trône n'était pas en Sa possession avant la création des cieux et de la terre, car Il a dit :

$$\text{﴿ ثُمَّ اسْتَوَىٰ عَلَى الْعَرْشِ ﴾}$$

[Qui a créé ... puis S'est élevé « Istiwâ » sur le Trône].

Car si tu dis : « puis a pris possession » cela induit que le Trône n'était pas en possession d'Allah ni avant la création des cieux et de la terre, ni lors de leur création !

De plus, si nous prenions cette explication, il nous faudrait alors authentifier la formule selon laquelle Allah a pris le pouvoir sur la terre et sur n'importe laquelle de ses créatures et authentifier toutes les formules (du même style) que l'on pourrait imaginer ou prononcer. Cette parole est, sans le moindre doute, une fausse explication qui ne correspond point à Allah -Gloire à Lui.

Enfin, d'après ce que nous avons vu, il nous a été donc démontré que l'explication de « l'élévation » (Istiwâ') par « la prise de possession » (Istîlâ') conduit à une double transgression :

- Premièrement : le détournement du sens des mots.
- Deuxièmement : la description d'Allah par ce qui ne Lui correspond pas.

LES DEUX TÉMOIGNAGES ET LEURS SIGNIFICATIONS.

Les deux témoignages: le témoignage que nulle divinité sauf Allah et que Muhammad est le Messager d'Allah sont les clefs de l'Islam. En effet, l'entrée dans l'Islam n'est possible que par le biais de ces deux attestations. Et c'est pour cette raison que le Prophète ﷺ a ordonné à Mou'âdh Ibn Jabal -qu'Allah l'agrée- lorsqu'il l'envoya au Yémen, de commencer sa prêche par le témoignage que « nulle divinité sauf Allah et que Muhammad est le Messager d'Allah ».

LA SIGNIFICATION DU TÉMOIGNAGE «NULLE DIVINITÉ SAUF ALLAH».

La signification de la première phrase: l'attestation que « nulle divinité sauf Allah » (Lâ ilâha illa lâhou) est la reconnaissance de l'homme, par la parole et le cœur, que nul n'est adoré sauf Allah.

En arabe le mot « ilâha » a la signification d'adoré « ma'louh ». Et de ce mot on ressort « ta'alouh » qui signifie « adoration ». Ainsi, le sens de ce témoignage est: nul adoré sauf Allah Seul.

De plus, cette phrase se compose d'une négation (An-Nafîy) et d'une affirmation (Al-Ithbât): la négation se trouve dans « nulle divinité » et l'affirmation dans « sauf Allah ».

Il y a, dans cette phrase, un sous-entendu implicite, qui est la reconnaissance par la langue après la croyance par le cœur que nul ne mérite (en vérité) d'être adoré en dehors d'Allah Seul. Ceci implique, non seulement un culte pur voué à Allah uniquement, mais aussi l'annulation de toute adoration vouée à autre que Lui.

Ainsi, par notre sous-entendu implicite qui est « ne mérite » s'éclaircit la réponse à l'ambiguïté prononcée par plusieurs personnes qui est:

comment pouvez-vous dire « nulle divinité sauf Allah », alors qu'il existe d'autres divinités qui sont adorées en dehors d'Allah, qu'Allah a nommé divinité ainsi que leurs adorateurs ? En effet, Allah -béni et exalté- a dit:

﴿فَمَآ أَغْنَتْ عَنْهُمْ ءَالِهَتُهُمُ ٱلَّتِي يَدْعُونَ مِن دُونِ ٱللَّهِ مِن شَيْءٍ لَّمَّا جَآءَ أَمْرُ رَبِّكَ﴾

[…Leurs divinités, qu'ils invoquaient en dehors d'Allah, ne leur ont servi à rien, quand l'ordre (le châtiment) de ton Seigneur fut venu…]

(Sourate Hûd verset 101).

Et le Très-Haut a dit:

﴿لَّا تَجْعَلْ مَعَ ٱللَّهِ إِلَٰهًا ءَاخَرَ﴾

[N'assigne point à Allah d'autres divinités…]

(Sourate Al-Isrâ' verset 22).

Et le Très-Haut a dit:

﴿وَلَا تَدْعُ مَعَ ٱللَّهِ إِلَٰهًا ءَاخَرَ﴾

[Et n'invoque nulle autre divinité avec Allah…]

(Sourate Al-Qassas verset 88).

Comment est-il possible d'affirmer « nulle divinité sauf Allah » tout en sachant que l'adoration est vouée pour autre qu'Allah ?

De plus, comment peut-on affirmer que l'adoration est vouée à autre qu'Allah alors que les Prophètes ont dit à leurs peuples:

﴿ٱعْبُدُوا۟ ٱللَّهَ مَا لَكُم مِّنْ إِلَٰهٍ غَيْرُهُۥ﴾

[… Adorez Allah. Pour vous, pas de divinité à part Lui…]

(Sourate Al-A'râf verset 59).

La réponse à cette ambiguïté apparaît lorsque nous sous-entendons « ne mérite en toute vérité d'être adoré » dans notre formulation « Nulle divinité sauf Allah ».

Nous répondons alors: ces divinités, qui sont adorées en dehors d'Allah, sont de fausses divinités qui ne possèdent rien des droits divins, et la preuve à cela est la Parole d'Allah, le Vrai, -qu'Il soit glorifié:

﴿ ذَٰلِكَ بِأَنَّ ٱللَّهَ هُوَ ٱلْحَقُّ وَأَنَّ مَا يَدْعُونَ مِن دُونِهِ ٱلْبَاطِلُ وَأَنَّ ٱللَّهَ هُوَ ٱلْعَلِيُّ ٱلْكَبِيرُ ﴾

[Il en est ainsi parce qu'Allah est Lui le Vrai, alors que tout ce qu'ils invoquent en dehors de Lui est le faux, et qu'Allah est le Haut, le Grand.]

(Sourate Louqmân verset 30).

Et aussi Sa parole -qu'Il soit glorifié:

﴿ وَمَنَوٰةَ ٱلثَّالِثَةَ ٱلْأُخْرَىٰ ۝ أَلَكُمُ ٱلذَّكَرُ وَلَهُ ٱلْأُنثَىٰ ۝ تِلْكَ إِذًا قِسْمَةٌ ضِيزَىٰ ۝ إِنْ هِيَ إِلَّا أَسْمَاءٌ سَمَّيْتُمُوهَا أَنتُمْ وَءَابَاؤُكُم مَّا أَنزَلَ ٱللَّهُ بِهَا مِن سُلْطَانٍ ﴾

[Avez-vous vu (les divinités), Lât et 'Ouzzâ ainsi que Manât[16], cette troisième autre ? Sera-ce à vous le garçon et à Lui la fille ? Que voilà donc un partage injuste ! Ce ne sont que des noms que vous avez inventés, vous et vos ancêtres. Allah n'a fait descendre aucune preuve à leur sujet.]

(Sourate An-Najm verset 19 à 23).

Et aussi Sa parole selon Youssouf ﷺ:

﴿ مَا تَعْبُدُونَ مِن دُونِهِ إِلَّا أَسْمَاءً سَمَّيْتُمُوهَا أَنتُمْ وَءَابَاؤُكُم مَّا أَنزَلَ ٱللَّهُ بِهَا مِن سُلْطَانٍ ﴾

[Vous n'adorez, en dehors de Lui, que des noms que vous avez inventés, vous et vos ancêtres. Allah n'a fait descendre aucune preuve à leurs sujets…]

(Sourate Yousouf verset 40).

En conclusion, la signification de « Nulle divinité sauf Allah » est « nul ne mérite d'être adoré en vérité sauf Allah ».

Quant aux divinités autres que Lui parmi les messagers, les anges, les saints, les pierres, les arbres, le soleil ou la lune, etc., leur caractère divin prétendu par leurs adorateurs n'est que fausseté et en aucun cas une vérité. La seule divinité digne d'adoration est Allah -Gloire à Lui.

---

16   Lât est une divinité qui fut adorée à Tâïf, une ville proche de La Mecque et 'Ouzzâ est une divinité qui fut adorée à Nakhla entre La Mecque et Tâïf et enfin, Manât est une divinité qui fut adorée à Sayfoul-Bahr, qui se situait au niveau de Médine sur la Mer Rouge.(NdT)

LA SIGNIFICATION DU TÉMOIGNAGE « MUHAMMAD EST LE MESSAGER D'ALLAH »

Ensuite, la signification du témoignage que Muhammad ﷺ est le Messager d'Allah (Muhammadour-rassoulou-llâh), est la reconnaissance par la parole et la croyance par le cœur que Muhammad Ibn Abdillâh El-Hâchimy El-Qorachy est le Messager d'Allah pour l'ensemble de la création, qu'ils soient djinns ou humains.

Allah le Très-Haut a dit :

﴿ لَهُۥ مُلۡكُ ٱلسَّمَٰوَٰتِ وَٱلۡأَرۡضِۖ لَآ إِلَٰهَ إِلَّا هُوَ يُحۡيِۦ وَيُمِيتُۖ فَـَٔامِنُواْ بِٱللَّهِ وَرَسُولِهِ ٱلنَّبِيِّ ٱلۡأُمِّيِّ ٱلَّذِي يُؤۡمِنُ بِٱللَّهِ وَكَلِمَٰتِهِۦ وَٱتَّبِعُوهُ لَعَلَّكُمۡ تَهۡتَدُونَ ﴾

[Dis : « Ô hommes ! Je suis, pour vous tous, le Messager d'Allah, à Qui appartient la royauté des cieux et de la terre. Pas de divinité à part Lui. Il donne la vie et Il donne la mort. Croyez donc en Allah, en Son Messager, le Prophète ﷺ illettré qui croit en Allah et en Ses paroles. Et suivez-le afin que vous soyez bien guidés ».]

(Sourate Al-A'râf verset 158).

Et le Très-Haut a dit :

﴿ تَبَارَكَ ٱلَّذِي نَزَّلَ ٱلۡفُرۡقَانَ عَلَىٰ عَبۡدِهِۦ لِيَكُونَ لِلۡعَٰلَمِينَ نَذِيرًا ﴾

[Qu'on exalte la bénédiction de Celui qui a fait descendre le livre de discernement sur Son serviteur, afin qu'il soit un avertisseur à l'univers.]

(Sourate Al-Furqâne verset 1).

Parmi les exigences de ce témoignage, est de ne pas croire que le Messager d'Allah ﷺ a un droit à la Seigneurie (rouboubîya)[17], à l'organisation de l'univers ou un droit à l'adoration. Ce Messager ﷺ est plutôt un serviteur que l'on ne doit pas adorer et un Messager que l'on ne doit pas démentir.

---

17   La rouboubîya : le pouvoir de créer, de pourvoir à la subsistance des créa- tures, de donner la vie et la mort, de destiner toutes choses…Tout cela doit être attribué à Allah Seul, et il faut croire qu'Il n'a en cela aucun associé. (NdT)

Aussi, parmi ces exigences, nous devons croire qu'il r ne possède pour lui-même ou pour autrui aucun bienfait ni aucune nuisance à part ce qu'Allah aura voulu. Comme Allah dit:

﴿ قُل لَّآ أَقُولُ لَكُمْ عِندِى خَزَآئِنُ ٱللَّهِ وَلَآ أَعْلَمُ ٱلْغَيْبَ وَلَآ أَقُولُ لَكُمْ إِنِّى مَلَكٌ إِنْ أَتَّبِعُ إِلَّا مَا يُوحَىٰ إِلَىَّ ﴾

[Dis-(leur): « Je ne vous dis pas que je détiens les trésors d'Allah, ni que je connais l'Inconnaissable, et je ne vous dis pas que je suis un ange. Je ne fais que suivre ce qui m'est révélé. »…]

(Sourate Al-An'âm verset 50).

C'est donc un serviteur qu'Allah commande et qui suit uniquement ce qui lui a été ordonné de faire.

Le Très-Haut a également dit:

﴿ قُل لَّآ أَمْلِكُ لِنَفْسِى نَفْعًا وَلَا ضَرًّا إِلَّا مَا شَآءَ ٱللَّهُ وَلَوْ كُنتُ أَعْلَمُ ٱلْغَيْبَ لَٱسْتَكْثَرْتُ مِنَ ٱلْخَيْرِ وَمَا مَسَّنِىَ ٱلسُّوٓءُ إِنْ أَنَا۠ إِلَّا نَذِيرٌ وَبَشِيرٌ لِّقَوْمٍ يُؤْمِنُونَ ﴾

[Dis: « Je ne détiens pour moi-même ni profit ni dommage, sauf ce qu'Allah veut. Et si je connaissais l'Inconnaissable, j'aurais eu des biens en abondance, et aucun mal ne m'aurait touché. Je ne suis, pour les gens qui croient, qu'un avertisseur et un annonciateur ».]

(Sourate Al-A'râf verset 188).

Voici donc le sens du témoignage « nulle divinité sauf Allah, et Muhammad est le Messager d'Allah ».

L'explication de notre parole concernant le témoignage: « la reconnaissance par la parole et la croyance par le cœur » est qu'il faut, absolument, la réunion de ces deux conditions, car quelques personnes reconnaissent par la parole sans croire par leur cœur pour autant, tels que les hypocrites. En effet, Allah a dit à leur sujet:

﴿إِذَا جَاءَكَ ٱلْمُنَٰفِقُونَ قَالُوا۟ نَشْهَدُ إِنَّكَ لَرَسُولُ ٱللَّهِ وَٱللَّهُ يَعْلَمُ إِنَّكَ لَرَسُولُهُۥ وَٱللَّهُ يَشْهَدُ إِنَّ ٱلْمُنَٰفِقِينَ لَكَٰذِبُونَ﴾

[Quand les hypocrites viennent à toi, ils disent: « Nous attestons que tu es certes le Messager d'Allah » ; Allah sait que tu es vraiment Son Messager et Allah atteste que les hypocrites sont assurément des menteurs.]

(Sourate Al-Munâfiqoun verset 1).

Ceux-là ont reconnu par leurs paroles sans croire par leur cœur. De même, il se peut que l'homme reconnaisse au fond de son cœur, mais sans pour autant prononcer le témoignage. Cette reconnaissance ne lui est pas bénéfique vis-à-vis de nous, en apparence. Mais intérieurement, son jugement revient à Allah.

Cependant, dans ce bas-monde, cette reconnaissance ne lui est pas bénéfique et on ne le considérera pas comme musulman tant qu'il n'aura pas prononcé le témoignage avec sa langue.

Par ailleurs, s'il était dans l'incapacité physique ou morale de le prononcer, à ce moment, on se comportera vis-à-vis de lui selon son état.

En conclusion: Il faut donc absolument réunir la reconnaissance avec le cœur et la langue.

LE SUIVI [18]

Le suivi ne se concrétise que par six caractéristiques. L'adoration doit correspondre à la législation (As-Sharî'a)[19] dans sa cause, son genre, sa quantité, sa manière, sa période et son lieu.

---

18 Le cheikh -qu'Allah lui fasse miséricorde- a montré dans les deux chapitres précédents qu'il faut vouer, exclusivement, son adoration à Allah. Ici, il nous éclaircit comment nous devons suivre le Prophète ﷺ dans nos adorations, c'est ce que nous appelons le suivi. Ainsi, le cheikh veut que l'on comprenne qu'un acte d'adoration ne sera accepté d'Allah qu'après avoir rempli deux conditions: D'une part la sincérité de la personne envers Allah (Al-Ikhlâss) dans son adoration et d'autre part la conformité de l'acte d'adoration avec la Sunna du Prophète (Al-Moutâba'a). (NdT)

19 As-Sharî'a: ensemble de lois divines avec lesquelles un prophète est envoyé: la Sharî'a de Mussa (Moïse), la Sharî'a de Muhammad ... Cet ensemble de lois est abrogé par la venue d'une nouvelle loi, avec l'avènement d'un nouveau prophète. Ainsi, la Sharî'a de Muhammad abroge toutes les Sharî'a qui précèdent. (NdT)

L'ADORATION DOIT CORRESPONDRE À LA LÉGISLATION DANS SA CAUSE

Quiconque adore Allah par une adoration basée sur une cause que la législation n'a pas confirmée, cette adoration est alors rejetée, car elle ne provient pas de l'ordre d'Allah et de son Messager ﷺ.

L'exemple de cela est la célébration de l'anniversaire du Prophète ﷺ ou encore de la nuit du 27 du Mois de Rajab, durant laquelle l'on prétend que l'Ascension du Prophète ﷺ se réalisa. Cette célébration n'est point en accord avec la législation et elle est donc rejetée. Quelles sont les causes de ce rejet ?

-**Premièrement:** d'un point de vue historique, il n'a pas été confirmé que l'Ascension du Messager ﷺ se réalisa la nuit du 27 de Rajab. De même, pas un seul texte ne prouve que l'Ascension du Prophète ﷺ se soit produite le 27 de Rajab dans les livres de hadiths que nous possédons. De plus, ce genre d'information ne peut être confirmé que par des chaînes de rapporteurs authentiques.

-**Deuxièmement:** même si nous supposions que cela soit confirmé ; serait-il de notre droit d'instituer à cette date une adoration ou une fête ? La réponse est non, jamais.

En effet, lorsque le Prophète ﷺ arriva à Médine (Al-Madîna) et vit les Ansâres[20] célébrant deux jours durant lesquels ils s'amusaient, il leur dit: « Certes, Allah a remplacé ces deux jours par deux autres meilleurs » et il leur évoqua la fête du Fitr et celle de l'Adhâ[21].

Ainsi, cela prouve la répugnance du Prophète ﷺ pour toute célébration

---

20   Les Ansâres est le nom que portaient les habitants de Médine qui ont cru en notre Prophète r. (NdT)

21   La fête de Fitr (Al-'îd-oul-Fitr) survient à la rupture du jeûne du mois de Ramadân (le premier jour de Chawwal) et la fête de l'Adhâ (Al-'îd-oul-Adhâ) survient le dixième jour du mois du pèlerinage (dhoul-Hijja) durant lequel a lieu le sacrifice. C'est deux fêtes sont, en effet, les seules reconnues par l'Islam avec le jour du vendredi. (NdT)

introduite dans l'Islam à l'exception des fêtes islamiques qui sont au nombre de trois: deux fêtes annuelles, Al-'îd-al-Fitr et Al-'îd-al-Adhâ, et une fête hebdomadaire qui est le jour du vendredi.

Par ailleurs, si nous supposions que l'Ascension du Prophète ﷺ fut confirmée dans la nuit du 27 rajab (mais cette confirmation est loin d'être fondée), il nous est impossible d'y instituer quoique ce soit sans la permission du Législateur (Allah).

Il faut savoir que l'innovation est une chose qu'il ne faut pas prendre à la légère. Les cicatrices qu'elle marque sur le cœur sont néfastes. Même si l'homme dans ces instants[22] éprouve une sensation de légèreté et de douceur, celle-ci sera, après peu, tout à fait le contraire, car la joie du cœur dans le faux ne dure pas, mais elle est plutôt suivie par la douleur, le regret et la déception. De plus, toutes les innovations possèdent, en elles-mêmes, un danger, car elles sous-entendent un dénigrement vis-à-vis du message prophétique. En effet, l'innovation sous-entend que le Messager ﷺ n'a pas achevé la législation bien qu'Allah ait dit:

﴿ٱلْيَوْمَ أَكْمَلْتُ لَكُمْ دِينَكُمْ وَأَتْمَمْتُ عَلَيْكُمْ نِعْمَتِى وَرَضِيتُ لَكُمُ ٱلْإِسْلَٰمَ دِينًا﴾

[…Aujourd'hui, J'ai parachevé pour vous votre religion, et accompli sur vous Mon bienfait. Et J'agrée l'Islam pour vous comme religion…]
(sourate Al-Mâidah verset 3).

Il est étrange que certains éprouvés par les innovations persévèrent fermement dans leur application alors qu'ils se relâchent dans l'application de ce qui est plus bénéfique, authentique et sérieux.

C'est pour cela que nous disons que les célébrations de la nuit du 27 Rajab (si nous con- sidérons que c'est la nuit lors de laquelle s'est réalisée l'Ascension du Prophète ﷺ) sont une innovation, car elles s'appuient sur une cause que la législation n'a pas instituée.

---

22 C'est-à-dire pendant la célébration de l'ascension du Prophète r, en particulier, et pendant l'instant de toute innovation en général. (NdT)

L'ADORATION DOIT CORRESPONDRE À LA LÉGISLATION DANS SON GENRE

Prenons l'exemple de l'immolation d'un cheval (pour le jour du sacrifice qui est Al'îd-al-Adhâ). En effet, si une personne venait à sacrifier un cheval (ce jour-là), alors cela serait en opposition à la législation dans son genre[23].

L'ADORATION DOIT CORRESPONDRE À LA LÉGISLATION DANS SA QUANTITÉ

Si quelqu'un venait à dire qu'il prie le Dhouhr (prière du midi) en six rak'ats (unités de prière). Son adoration serait-elle en accord avec la législation ? Non, bien sûr, car cette prière n'est pas en conformité avec la législation dans sa quantité[24].

De même, si quelqu'un venait à dire « gloire à Allah (Soubhâna-llâh), louange à Allah (Al-Hamdoulillâh) et Allah est le plus grand (Allahou Akbar) »[25] trente-cinq fois après chaque prière (Salât) prescrite. Cela serait-il correct ?

La réponse: nous disons que si tu as pris le nombre (trente-cinq fois) comme adoration tu es dans l'erreur. Par contre, si tu as voulu l'ajout sur ce qu'a institué le Messager ﷺ tout en reconnaissant que ce qui a

---

23   En effet, le jour du sacrifice, il faut que l'offrande fasse partie exclusivement de la famille des ovins, bovins ou des camélidés. Ainsi, le cheval faisant partie de la famille des équidés n'est pas le genre d'animal correspondant à cette adoration. (NdT)

24   En effet, le nombre d'unités de prière pour la prière du Dhouhr est au nombre de quatre. (NdT)

25   Le cheikh qu'Allah lui accorde sa miséricorde- fait référence au hadith connu d'après Abou Houraïra -qu'Allah l'agrée- qui rapporte selon le Prophète qui a dit: « Quiconque, à la fin de chaque prière, glorifie Allah (Soubhâna-llâh) trente-trois fois, chante les louanges d'Allah (Al-Hamdou-lillâh) trente-trois fois et dit Allah est le plus grand (Allahou-Akbar) trente-trois fois –ce qui fait quatre-vingt-dix-neuf fois- et rajoute pour compléter le tout à cent: « nulle divinité sauf Allah, toute souveraineté Lui revient, toute louange Lui revient, l'Omnipotent, capable de tout », on pardonnera à celui-là tous ses péchés, même s'ils étaient semblables à l'écume de la mer. » (Rapporté par Mouslim) (NdT)

été légiféré est trente-trois fois, alors l'ajout ici est sans mal. En effet, car tu as séparé l'ajout, dans ton intention, de l'adoration qui est le fait de le dire trente-trois fois.

L'adoration doit correspondre à la législation dans sa manière

Si quelqu'un mettait conformément en application une adoration dans son genre, sa quantité et sa cause, mais en étant en opposition avec la législation dans sa manière, alors cette adoration ne serait pas valable.

Prenons l'exemple d'un homme qui perd ses ablutions. Pendant qu'il refait ses ablutions, il commence par laver ses pieds puis s'essuie la tête, ensuite se lave les avant-bras pour enfin finir par son visage: ses ablutions sont-elles correctes ? Non, car il s'est opposé à la législation dans la manière[26].

L'adoration doit correspondre à la législation dans sa période

Prenons l'exemple d'une personne qui jeûne le mois de Cha'bân ou de Chawwâl au lieu de jeûner le mois de Ramadân, ou encore qu'elle prie le Dhouhr (prière du midi) avant le zénith ou après que l'ombre de toute chose ait atteint la même taille que celle-ci (la chose). En effet, si elle prie le Dhouhr avant le zénith, elle l'aura prié avant son heure. De même, si elle le prie après que l'ombre de toute chose ait atteint la même taille que celle-ci, alors, elle l'aura prié après son heure. Donc, sa prière (dans les deux cas) ne sera pas valable.

Pour cette raison, nous disons que si la personne a délaissé la prière, volontairement et sans excuse valable, jusqu'à ce que son temps soit passé, alors sa prière ne sera pas acceptée, tant bien même il priait mille fois.

On ressort, de cela, une règle importante dans ce chapitre qui est: « Toute adoration qui est délimitée par une période et qui est accomplie, sans excuse valable, en dehors de cette période, ne sera pas acceptée, mais bien rejetée ».

---

26   En effet, un grand nombre de savants a démontré que l'ordre (At-tartîb) de lavage des membres fait partie des obligations des ablutions (cf v6 sourate mâ'idah). Celui qui ne l'a pas respecté doit obligatoirement refaire ses ablutions. Ainsi, l'homme, évoqué dans l'exemple, aurait dû commencer par son visage, ensuite ses avant-bras, ensuite sa tête pour enfin finir par ses pieds. (NdT)

La preuve de ceci est le hadith rapporté par Âïcha -qu'Allah l'agrée- selon le Prophète qui dit: « Tout acte non-conforme à nos enseignements est rejeté».

L'ADORATION DOIT CORRESPONDRE À LA LÉGISLATION DANS SON LIEU

Si un pèlerin venait à stationner le jour de 'Arafat (le neuvième jour de Dhoul-hijja) à Mouzdalifah, alors son acte ne sera pas valable pour la non-conformité entre l'adoration et le lieu qui correspond à la législation[27].

De même, lorsque le Prophète vit que quelques-unes de ces épouses élevaient leurs tentes dans la mosquée, il leur ordonna de les défaire et d'annuler leur retraite spirituelle[28]. Par ailleurs, il ne les orienta pas vers une retraite spirituelle dans leurs maisons. Ainsi, cela prouve que la femme ne peut se retirer spirituellement dans sa maison, car le lieu est non-conforme à la législation.

Voici donc ces six critères que tout acte doit réunir pour que le suivi soit concrétisé.

Allah est plus savant et que la prière et le salut soient sur Muhammad, sa famille et ses Compagnons.[29]

---

27 Le stationnement à 'Arafat est un pilier du pèlerinage comme l'a dit notre Prophète : « le pèlerinage, c'est 'Arafat ». Cette adoration consiste à rester toute la journée à l'intérieur du lieu de 'Arafat, située près de La Mecque, jusqu'au coucher du soleil. Ensuite, il nous est prescrit de nous diriger vers Mouzdalifah, où le pèlerin se reposera le long de la nuit. Ainsi, remplacer le stationnement de 'Arafat par le stationnement à Mouzdalifah n'est pas en conformité avec les prescriptions de notre Prophète . (NdT)

28 Le cheikh fait référence au hadith d'Âïcha -qu'Allah l'agrée-qui rapporte: « Le prophète eut l'intention d'accomplir une retraite spirituelle. Lorsqu'il arriva à l'endroit où il voulait faire sa retraite, il vit des tentes: une tente pour Âïcha, une autre pour Hafsa et une troisième pour Zeyneb. Alors, il dit: «Croyez-vous qu'elles font cela par piété » ? Puis, il s'en alla sans faire de retraite jusqu'au mois de Chawâl où il fit une retraite de dix jours. » Rapporté par Boukhâry. (NdT)

29 Je dis (traducteur): « Si j'ai commis une faute c'est à cause de moi seul et de Satan, et si j'ai dit la vérité c'est grâce à Allah Seul. Nous demandons à Allah qu'Il nous guide afin de croire en Lui comme Il l'a désiré et qu'il accorde Sa miséricorde à cheikh al-'Othaymîne. Et enfin, que la paix et le salut soient sur notre Prophète bien-aimé, et notre dernière invocation est de dire louange à Allah Seigneur de l'univers qui nous a enseigné ce que nous ne savions pas ». NdT

www.ingramcontent.com/pod-product-compliance
Lightning Source LLC
Chambersburg PA
CBHW070342120526
44590CB00017B/2987